📖 주제

· 성격 · 부끄러움 · 원동력 · 자기 계발

📖 활용 학년 및 교과 연계

초등 과정	3-2 국어	1. 작품을 보고 느낌을 나누어요
	3학년 도덕	2. 인내하며 최선을 다하는 생활
	5학년 도덕	우리가 만드는 도덕 수업 1. 바르고 희망차게 가꾸어 가는 나의 삶

초등 첫 인문철학왕
부끄러움을 모르는 놀부와 팥쥐

초판 1쇄 발행 2023년 3월 30일

글쓴이 이여니 | **그린이** 장준영 | **해설** 이영주
기획편집 이정희 | **편집** 김민애 박주원
디자인 문지현 김수인 | **생각 실험 디자인** 이유리

펴낸이 이경민 | **펴낸곳** ㈜동아엠앤비
출판등록 2014년 3월 28일(제25100-2014-000025호)
주소 (03972) 서울특별시 마포구 월드컵북로22길 21, 2층
전화 (편집) 02-392-6901 (마케팅) 02-392-6900 | **팩스** 02-392-6902
홈페이지 www.moongchibooks.com | **전자우편** damnb0401@naver.com | **SNS** 🇫 📷 뭉치
ISBN 979-11-6363-597-0(74100)

※ 잘못된 책은 구입한 곳에서 바꿔 드립니다.
※ 이 책에 실린 사진은 셔터스톡, 위키피디아, 게티이미지뱅크(코리아)에서 제공받았습니다. 그 밖의 제공처는 별도 표기했습니다.

도서출판 뭉치는 ㈜동아엠앤비의 어린이 출판 브랜드로, 아이들의 지식을 단단하게 만들어 주고, 아이들의 창의력과 사고력을 키워 주어 우리 자녀들이 융합형 사고뭉치와 창의뭉치로 성장할 수 있도록 좋은 책을 만들겠습니다.

한국 철학교육 학회
추천도서

글쓴이 **이여니** 그린이 **장준영**
해설 **한국 철학교육연구원 이영주**

부끄러움을 모르는

놀부와 팥쥐

부끄러움을 모르면 어떻게 될까?

'질문'의 힘! '생각'의 힘!
'미래 인재'로 가는 힘!

어린이와 학부모님들께 《초등 첫 인문철학왕》을 추천할 수 있어서 매우 기쁩니다. 어린이들이 이 시리즈를 통해 '나'에 대해, 나와 공동체 사이의 소통에 대해, 세상의 이치와 진리에 대해 마음껏 질문하고 생각하기를 바라기 때문입니다. 그렇게 되면 창의적으로 문제를 해결하는 힘 또한 커질 수 있다고 믿기 때문이지요.

'제4차 산업혁명의 시대'라는 말처럼 우리는 모든 것이 혁신적으로 변화하는 시대에 살고 있습니다. 스마트폰, 인공 지능, 첨단 로봇 등 새로운 기술과 지식이 나오는 속도도 이전과 비교할 수 없을 정도로 빨라졌지요. 세상에 넘쳐나는 지식과 정보는 이제 누구나 쉽게 구할 수 있고, 개인의 두뇌에 담아낼 수 있는 용량을 넘어선 지 오래입니다. 결국 이 시대의 아이들에게 필요한 것은 지식보다는 그 지식을 다루는 지혜와 창의성 아닐까요?

7차 교육과정 개정 이후 학교 교육도 이러한 시대 흐름에 맞추어 미래 사회가 요구하는 인문학적 상상력과 과학기술 창조력을 두루 갖춘 창의융합형 인재를 양성하는 것을 목표로 합니다.

'철학'은 '지혜를 사랑하는'이란 뜻을 가진 말입니다. 이 학문은 여러분처럼 모든 것에 호기심 많았던 철학자들로부터 시작됩니다. 아주 오래전부터 인간, 사회, 자연, 우주, 진리 등 다양한 분야에서 다른 사람들보다 더 깊이, 더 많이, 그리고 아주 끈질기게 했던 수많은 질문과 탐구를 하며 만들어졌습니다.

마치 높은 곳에 올라가면 마을 전체를 내려다볼 수 있는 넓은 시야를 얻게 되듯이, 철학을 한다는 것은 하나의 문제를 더 큰 눈으로 볼 수 있게 되는 것이랍니다. 그러면 어떤 점이 좋을까요? 더 넓게 보는 눈, 더 깊이 있게 보는 눈, 다른 사람들이 생각하지 못한 부분들을 상상하고 찾아낼 수 있는 눈이 생깁니다. 또 우리 앞의 문제들을 자신만의 창의적인 방법으로 해결할 수도 있고, 그 문제를 해결하다가 다른 더 큰 문제를 발견하여 미리 처리할 수도 있습니다.

《초등 첫 인문철학왕》은 바로 그러한 생각의 눈을 아주 활짝 열어 줄 것입니다. 주제와 관련된 재미있는 동화, 이와 연결된 깊이 있는 인문 해설과 철학 특강, 창의·탐구 활동 등으로 구성된 시리즈는 아이들이 세상에 넘쳐 나는 지식을 지혜롭게 다루는 힘을 길러서, 문제해결력을 갖춘 창의적 인재로 성장할 수 있게 해 줄 것입니다.

그러니 이 책을 읽으며 여러 분야에서 떠오르는 호기심과 질문들을 혼자만 가지고 있지 말고 친구, 가족과도 나누어 보시길 바랍니다. 모두가 질문하고 생각하는 힘이 생긴다면, 어려운 문제들을 함께 해결해 나가는 공동체를 만들 수 있겠지요?

이 책을 읽는 여러분들 모두, 그런 멋진 공동체를 하나둘 만들어 나가는 지혜로운 미래 인재가 되기를 기대합니다.

이지애 드림
(이화여대 철학과 부교수, 한국 철학교육 학회 회장)

초등 첫 인문철학왕
이렇게 활용하세요!

생각 실험

생각 실험은 어떤 사실을 알기 위해 여러 가지 실험과 사례를 연구하는 것이에요. 철학이나 자연 과학 분야 등에서 널리 사용되는 방법이에요. 권마다 주제에 관련된 실험, 유명한 인물의 사례 등을 읽으며 상상력과 문제 해결력을 키워 보세요.

만화 & 동화

인문 철학 주제별로 아이들의 생활 세계 속 이야기, 패러디 동화 등이 다양하게 펼쳐져요. 처음과 중간은 만화, 본문은 그림 동화로 되어 있어서, 재미난 이야기에 푹 빠질 수 있어요.

인문철학왕되기

오랫동안 어린이들과 함께 철학 수업을 연구하고 진행해 온 한국 철학교육연구원 소속 교수와 연구진들이 집필했어요.

소쌤의 **철학 특강, 인문 특강, 창의 특강**으로 구성되었어요. 주제와 이야기 안에 숨겨진 철학적 문제들에 대해 함께 답을 찾아갈 수 있도록 깊이 있는 토론과 특강, 그리고 재미있는 활동으로 구성되었어요.

난 질문하는 **소크라테스**! 문제를 해결할 수 있도록 도와주지!

난 **뭉치**. 같이 생각하고 토론하지!

난 늘 창의적인 **새롬**이!

난 생각이 깊은 **지혜**!

교과 연계

각 권마다 최신 개정 교과서 단원과 연계되어 교과 학습에 도움이 되도록 구성되었어요. 권별로 확인하세요.

이 책의 차례

추천사 ………………………………………………… 4
구성과 활용 …………………………………………… 6

생각 실험 엄청난 물건을 발명했지만
부끄러웠던 노벨 ……………………………… 10

만화 나무꾼이 된 해송이 ……………………………… 20

뭐가 부끄러워? ……………………………………… 22
- **인문철학왕되기1** 잘못을 했다면?
- **소쌤의 인문 특강** 부끄러움은 어떤 감정일까?

놀부가 기가 막혀 …………………………………… 44
- **인문철학왕되기2** 떳떳하다는 건 어떤 감정일까?
- **소쌤의 창의 특강** 긍정적인 부끄러움

| 만화 | 동화 속에서 만난 친구 | 68 |

팥쥐는 몰라 ········· 74
- 인문철학왕되기3 부끄러운 건 나쁜 게 아니야!
- 소쌤의 철학 특강 부끄러움에 꼭 필요한 힘!

다시 태어난 해송이 ········· 96
- 인문철학왕되기4 만일 나라면?
- 쓰기활동 나는 언제 부끄러움을 느꼈을까?

엄청난 물건을 발명했지만 부끄러웠던 노벨

알프레드 노벨의 아버지는 지뢰 개발자였는데 아버지의 영향으로 **노벨은 어렸을 때부터 화약과 발명에 관심이 많았어요.**

노벨은 당시 화약 제조에 쓰이던 액체, 니트로글리세린을 연구하여 보다 안전한 폭약을 만들려고 했어요.
그러던 중 공장에서 같이 일하던 직원들과 동생까지 목숨을 잃는 사고가 발생했어요.
노벨은 더 안전한 폭약을 만들기 위한 연구와 실험을 거듭한 끝에 고체 폭약인 **'다이너마이트'**를 **발명**했고, 여러 나라에서 특허를 얻었어요. 이 일로 노벨은 엄청난 부자가 되었지요.

사람들에게 도움을 준 노벨

노벨은 평생 355개나 특허를 취득했다고 해.
화약 말고도 만년필, 축음기, 전화기, 축전지, 백열등, 로켓,
인조 보석, 비행기 등의 발전에 기여했지.
노벨이 발명한 **다이너마이트**는 기존의 폭약보다 훨씬 강력하고
안전했어. 땅이나 굴을 파서 석탄, 금 등을 캐내는 광산이나 건설
공사장 등에서 널리 사용되었지.

악명 높은 노벨

그렇지만 노벨은 사람을 해치는 물건을 만들었어. 다이너마이트는 공사용으로 쓰기도 했지만 군사용 무기, 수류탄으로 사용되었잖아. 실제로 사람을 죽이는 용도로 많이 쓰여서 사람들 사이에서 악명(나쁘다는 소문)이 높았다고 해.

1888년 어느 날, 노벨의 형 루드비히가
프랑스에서 죽었어요. 그런데 사람들은
노벨이 죽었다고 생각했지요.
이때 신문에서는 노벨의 사망 기사를 실으며,
**사람을 더 많이 더 빨리 죽이는 방법을
개발해 부자가 된 인물 노벨,**
이라고 썼어요.

'죽음의 상인'이라는 기사에 충격을 받은 노벨은
자신이 한 일에 대해 부끄러움을 느꼈어요.
그래서 유언장에 다음과 같이 적었지요.

"죽음의 상인, 사망하다"

유언장

나의 전 재산을 아래와 같은 방식으로 처리할 것을 밝혀 둔다. 원금은 나의 집행인들에게 맡겨 안전한 곳에 투자해 기금을 조성하게 하고, 거기서 나오는 이자는 지난해 인류에 가장 큰 공헌을 한 사람들을 선정해 상을 주는 형태로 매년 지급하도록 한다. 앞서 언급한 이자는 5개 부문에서 공헌한 사람들에게 골고루 분배하도록 한다.

Nobel, Alfred Bernhard

베르타 폰 주트너는 1876년 노벨이 프랑스에 있을 때 비서로 일을 아주 잠깐 했어요. 이때의 인연으로 노벨이 사망한 1896년까지 편지를 주고받았지요. 주트너는 1889년 소설 『무기를 내려놓으시오!』를 발표하면서 세계 평화 운동에 앞장섰어요. **과학자였던 노벨이 노벨상에 평화 부문을 포함시킨 것은 아마도 주트너의 역할이 컸을 거예요.**

만약 여러분이 노벨처럼 좋은 의도를 갖고 발명을 했는데, 나쁜 목적으로 쓰인다면 부끄러움을 느껴야 될까요?

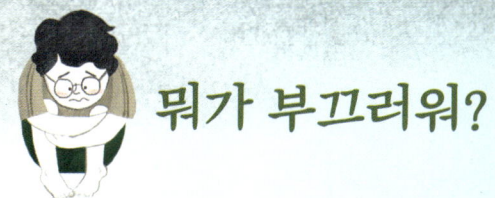
뭐가 부끄러워?

 해송이와 준수는 눈이 딱 마주쳤어요. 하필 해송이의 손가락에 공이 스치는 순간이었어요. 2-3반에서 눈이 가장 좋은 준수가 그냥 지나칠 리 없었어요.
 "선생님, 해송이 죽었어요!"
 준수가 해송이를 손가락으로 가리키며 큰 소리로 말했어요. 피구를 하던 아이들과 심판을 보던 선생님의 눈길이 모두 해송이에게로 쏠렸어요.
 "안 죽었거든!"
 해송이가 손을 뒤로 감추며 발끈했어요.
 "손가락에 맞는 거 다 봤어. 나랑 눈도 마주쳤잖아."
 눈을 동그랗게 뜬 준수가 목소리를 높였어요.

준수 팀은 4명, 해송이 팀은 2명이 남아 있는 상태에서 해송이가 죽게 되면 지수만 남는 상황이었어요.

"해송이가 아니라잖아."

지수가 준수를 째려봤어요. 준수는 의기양양하게 아이들을 둘러보며 말했어요.

"내 눈으로 똑똑히 봤어. 너희들도 봤지?"

하지만 준수의 생각과는 달리 누구 하나 대답하는 아이가 없었어요. 준수가 유일한 목격자였어요. 준수의 코에서 더운 콧김이 쏟아져 나왔어요.

"거봐. 아무도 못 봤잖아."

지수가 콧방귀를 뀌었어요.

아이들은 각자 자기 팀이 맞다며 우기기 시작했어요. 아이들의 웅성거리는 소리와 함께 수업을 마치는 종소리가 운동장에 울려 퍼졌어요. 모두 교실로 뛰어가는데 준수가 해송이 앞을 가로막았어요.

"진짜 안 맞았어?"

"그…… 그렇다니까."

해송이가 말을 더듬었어요.

"선생님이 거짓말하는 건 부끄러운 일이라고 했어."

"내가 뭘? 하나도 안 부끄럽거든!"

준수 어깨를 툭 밀치고 해송이는 교실로 뛰어갔어요. 검지손가락에 살짝 맞은 공을 준수가 봤을 리 없다고 생각했어요. 해송이는 교실로 뛰어가면서 고개를 갸웃거렸어요. 왜 부끄러워야 하는지 알 수가 없었어요.

수업이 끝나고 해송이는 학교 앞에서 기다리던 노란 버스에 올라탔어요. 그림 그리는 것을 좋아하는 해송이는 미술 학원에 가는 것이 즐거웠어요. 좋아하는 만화 캐릭터를 그릴 생각에 저절로 입가에 웃음이 매달렸어요.

노란 버스가 미술 학원 앞에 멈춰 서자 아이들이 천천히 내리기 시작했어요.

"비켜! 비켜!"

중간 자리에 앉은 해송이가 아이들을 밀치며 앞으로 나섰어요. 그러다 준수의 발을 밟아 버렸어요.

"아악!"

발을 밟힌 준수가 껑충껑충 뛰면서 얼굴을 찡그렸어요. 그러거나 말거나 해송이는 그냥 지나치려고 했어요. 화가 난 준수가 해송이의 가방을 세게 잡아당겼어요.

"발을 밟았으면 미안하다고 해야지."

"몰랐어."

해송이는 빨리 가고 싶어서 대충 둘러댔어요.

"피구할 때도 모른 척하더니 또 오리발이야?"

"오리발이라니!"

"만날 모른 척하면 다야?"

해송이보다 얼굴 하나가 더 큰 준수가 해송이를 내려다보고, 그런 준수를 해송이가 턱을 치켜들고 올려다봤어요.

"너희들, 어서 안 내리고 뭐 해!"

둘 사이에 팽팽하게 흐르던 기류는 기사 아저씨의 호통에 연기

처럼 사라졌어요. 준수는 씩씩거리면서 학원 차에서 내렸어요. 기분이 좋지 않은 건 해송이도 마찬가지였어요.

"발 좀 밟힐 수 있지. 그게 그렇게 화낼 일이야."

학원 계단을 겅중겅중 올라가며 해송이는 투덜거렸어요. 자기가 잘못했다는 생각은 못 하고 준수 탓만 했어요.

집으로 돌아온 해송이는 현관에 가방을 던져 놓고 엄마부터 찾았어요.

"엄마! 엄마!"

미술 학원을 다녀온 날은 게임을 하는 날이기도 했어요. 엄마는 보이지 않았어요. 해송이는 식탁 위에 놓인 샌드위치를 먹으며 엄마에게 문자 메시지를 보냈어요.

– 엄마, 어디 갔어?

엄마에게서 금방 답장이 왔어요.

– 친구가 갑자기 찾아와서 잠깐 밖에 나왔어.

– 언제 오는데?

– 금방 갈 거야. 간식 먹으면서 놀고 있어.

– 응.

– 엄마랑 약속한 거 잊지 말고.

해송이는 소파에 앉아 스마트폰으로 게임을 시작했어요. 언제나 그랬듯이 정해진 한 시간은 후딱 지나갔어요. 엄마와 약속한 게임 시간이 딱 한 시간이었거든요.

"몇 판 하지도 않았는데……."

시계와 게임을 번갈아 보며 해송이는 아쉬움에 쉽게 스마트폰을 손에서 놓지 못했어요.

"아무도 없는데 조금만 더 할까?"

눈은 현관문을 흘끔흘끔 향했지만, 손가락은 계속 바쁘게 움직

였어요. 엄마와의 약속이 떠올랐지만, 고개를 저어 떨쳐 냈어요.

"딱 30분만 더 하자."

해송이의 손가락이 빨라졌어요. 그렇게 깨고 싶었던 15레벨이 눈앞에서 어른거렸어요.

"언제 왔어? 하아암."

입이 찢어져라, 하품을 하며 누나가 소파 위로 털썩 주저앉았어요. 너무 놀란 해송이가 스마트폰을 바닥에 툭 떨어뜨렸어요. 눈치 없는 스마트폰에서 게임 배경 음악이 뚱땅뚱땅 흘러나왔어요. 누나의 등장으로 해송이는 얼음이 되었어요.

"누…… 누나."

"놀라긴."

잠이 덜 깬 누나가 스마트폰을 주워 들었어요.

"너 언제 왔어? 자느라 온지도 몰랐네."

"아…… 아…… 까."

"왜 자꾸 말을 더듬어?"

"아닌데……."

누나가 해송이 얼굴 가까이 다가왔어요. 해송이는 침을 꿀꺽 삼켰어요. 때마침 현관문이 열리는 소리가 들렸어요.

"엄마다!"

해송이가 후다닥 현관으로 뛰어가 엄마를 안았어요. 엄마 손에는 달콤한 아이스크림이 들려 있었어요.

"엄마랑 약속한 거 잘 지켰지?"

아이스크림을 먹으면서 엄마가 물었어요. 해송이는 누나를 힐끔 쳐다봤어요. 누나는 딸기맛 아이스크림을 한 입 떠먹는 중이었어요.

"그럼. 딱 한 시간만 했어."

"그랬어?"

엄마는 해송이 머리를 쓰다듬었어요.

"거짓말이래요."

누나가 입술에 묻은 아이스크림을 핥아 먹으며 혀를 쏙 내밀었어요. 엄마가 눈을 껌벅거렸어요.

"그게 무슨 말이야?"

"해송이한테 물어봐."

뭐가 그리 재미있는지 누나는 실실 웃었어요. 해송이는 손사래를 쳤어요.

"아냐, 엄마."

"아니긴 뭐가 아냐. 내가 다 봤어. 집에 아무도 없는 줄 알고 게임 더 했잖아."

"아니야! 아니라고!"

자리에서 벌떡 일어난 해송이가 소리를 질렀어요. 지난번 누나가 학원에 지각한 일을 엄마한테 고자질한 것은 해송이었어요. 그

때 누나는 엄마한테 혼나고 펑펑 울었어요. 누나가 그때 일을 잊지 않고 복수하는 것이라는 생각이 들었어요.

"넌, 방으로 들어가고 해송이는 엄마랑 얘기 좀 하자."

누나가 엄마 등 뒤로 혀를 또 내밀었어요. 해송이는 누나가 너무 얄미웠어요.

엄마는 해송이와 눈을 맞추고 물었어요.

"누나 말이 사실이야?"

"그게…… 나는…… 안 하고 싶었는데……."

해송이 눈가에 눈물이 금방 차올랐어요.

"엄마한테 거짓말해서 혼나는 것보다 해송이 자신한테 부끄러운 일을 하면 안 되는 거야."

"자신한테 부끄러운 일?"

"누나가 말해 주지 않았으면 엄마는 몰랐을 거야. 하지만 해송이는 스스로 알고 있었잖아. 엄마도 누나도 아니고 해송이 자신에게 떳떳해야 한다는 얘기야."

해송이는 엄마한테 혼날까 봐 걱정은 되었어도 자신한테 부끄럽다는 생각은 들지 않았어요. 엄마가 불같이 화를 낼 거라 생각했는데 아니라서 그나마 다행이라고 생각했어요.

"엄마, 다시는 안 그럴게."

엄마는 해송이를 꼭 안아 주었어요.

기분이 꿀꿀한 해송이는 놀이터로 나왔어요. 그네를 타고 높이 올라가면 꿀꿀한 기분이 사라질 것 같았어요. 그런데 놀이터엔 아이들이 많았어요. 특히 그네를 기다리는 아이들이 여러 명 있었어요.

지금 줄을 서면 해송이는 한참 뒤에나 그네를 탈 수 있었어요. 마음이 급한 해송이가 슬슬 앞으로 갔어요. 요리조리 눈치를 보며 자기보다 나이가 어려 보이는 동생 앞으로 슬쩍 끼어들었어요. 아이가 해송이 옷자락을 잡아당겼어요.

"형아, 줄 서."

"딱 한 번만 타고 줄게."

해송이는 히죽 웃었어요.

"싫어. 내가 먼저야."

아이는 해송이에게 자리를 양보할 마음이 없어 보였어요. 해송이는 살짝 당황했지만 그대로 물러서지 않았어요.

"대왕 딱지 줄게."

"정말?"

대왕 딱지라는 말에 아이 눈이 반짝였어요.

"지금은 없고 나중에 만나면 줄게."

아이는 실망한 듯 입술을 삐죽이더니 해송이 앞을 가로막고 나섰어요.

"야, 진짜 준다니까."

"거짓말."

둘이 투닥이는 사이 그네 한 자리가 비었어요. 먼저 발견한 해송이가 뛰어가서 그네 위에 앉았어요. 뒤따라 온 아이가 그네 줄을 흔들며 울음을 터트렸어요.

"내가 먼저야! 내놔! 으아아앙!"
아이의 울음소리에 해송이는 귀를 막았어요.
"형이 되어서는 새치기나 하고 부끄럽지 않냐?"

뒤에서 들려오는 낯익은 목소리에 해송이는 고개를 돌렸어요. 또 준수였어요. 원수는 외나무다리에서 만난다더니 체육 시간부터 학원 버스에 놀이터까지, 오늘만 벌써 세 번째였어요. 해송이는 그네에서 벌떡 일어섰어요.

"네가 봤어? 새치기하는 거 봤냐고?"

"그래, 봤다."

준수가 그네를 타려고 막 뛰어왔을 때, 공교롭게도 해송이가 아이 앞으로 슬쩍 끼어 들어갔어요. 준수가 그 모습을 놓칠 리 없었어요.

해송이가 금방 뛰어가 뭐라고 하려는 찰나, 어깨를 으쓱거리면서 준수가 해송이와 실랑이를 벌이던 아이에게 말했어요.

"야, 꼬마! 탈 거야, 말 거야?"

"새치기했다고 우리 엄마한테 이를 거야."

"엄마!"

줄 서 있던 아이들이 한 마디씩 쏟아 내며, 주위에 있는 엄마를

불렀어요.
"안 타면 될 거 아냐!"
얼굴이 붉으락푸르락해진 해송이가 발을 쿵쿵 굴렀어요.

잘못을 했다면?

왜 해송이처럼 모른 척하고
싶은 마음이 드는 걸까요?
그게 무조건 나쁜 걸까요?

 어휴, 해송이 좀 얄밉다. 완전 모른척쟁이잖아!

 해송이는 약속이나 규칙을 지키지 않는 행동을 했어요.

 피구 경기 때는 이기기 위한 전략이라고 볼 수 있지 않을까?

 뭉치 말대로 모른 척하는 것이 전략이라면, 뭘 위한 전략일까?

 하지만 다른 사람을 기분 나쁘게 하잖아. 그게 어떻게 전략이냐?

 제가 생각할 때는 자기 이익을 위해서 그런 것 같아요.

 해송이는 자기가 한 행동에 대해 부끄럽지 않다고 했지만 누가 봤다고 하니까 마음이 불편했단다. 왜 마음이 떳떳하지 못하고 불편했을까?

부끄러움은 어떤 감정일까?

노벨(1833~1896)은 참된 연구라면 인류를 행복하게 해야 한다며 인류의 복지를 위한 노벨상을 만들었단다. 노벨상은 해마다 세상을 위해 큰일을 한 사람들에게 문학, 평화, 물리학, 화학, 생리학과 의학 분야로 나누어 상금을 수여하지. 이처럼 인류의 행복을 꿈꾸었던 노벨이지만 그의 발명품은 인류의 행복을 짓밟는 전쟁에 쓰이고 말았단다.

부끄러움은 잘못한 행동에서 일어나는 것이라서 안 좋은 것이지만, 잘못된 행동을 해 놓고 부끄러움도 없다면 그건 훨씬 더 나쁜 것이라고 할 수 있어.

부끄러움이라도 있어야 다음엔 똑같은 행동을 하지 않게 될 수 있으니까. 동전의 앞뒤 면 같다고 할 수 있지.

노벨이 상을 만든 이유가 바로 이 부끄러움 때문이란다.

많은 사람들 앞에서 옷을 벗고 있는 상황이라면 생각만 해도 몸서리쳐질 만큼 부끄러운 일일 거야. 우리가 옷을 입고 다니는 것은 추위와 햇빛, 바람으로부터 신체를 보호하려는 목적도 있지만, 진짜 이유는 바로 창피하고 부끄럽기 때문이란다.

 이러한 부끄러움은 어디에서 시작되는 것일까?

『성경』에서 태초의 인간, 아담과 이브는 부끄러움을 몰랐다고 해. 굳이 종교적인 이야기를 하지 않더라도 벌거벗은 것을 부끄러워하는 동물이나 죄책감을 느끼는 짐승이 있다는 말을 들어 본 적은 없을 거야.
분노, 우울, 불안 등의 감정과 달리 부끄러움과 죄책감은 인간에게만 주어진 **인간만의 감정**이라고 할 수 있단다.

놀부가 기가 막혀

"칫! 누가 먼저 타면 어때서!"

해송이는 아무리 생각해도 자기가 왜 부끄러워해야 하는지 알지 못했어요. 그저 그네를 못 탄 것이 속상할 뿐이었지요.

"준수 녀석, 만날 잘난 척이야."

그네를 타려다 기분만 더 상한 해송이는 앞에 보이는 돌멩이를 있는 힘껏 걷어찼어요. 돌멩이와 함께 신발이 슝 날아가 버렸어요.

운동화는 작은 웅덩이 위로 사뿐히 내려앉았어요. 웅덩이라고 해 봤자 변기 뚜껑만 한 크기였어요.

"언제 비가 왔지?"

해송이는 하늘을 올려다봤어요. 하늘은 구름 한 점 없이 파랗기만 했어요.

운동화를 손으로 꺼내기 싫었던 해송이는 운동화 안으로 발가락을 넣어 꺼낼 생각이었어요. 쭉 뻗은 다리 끝으로 발가락을 꼬물거리면서 운동화를 건져 올리려는 순간이었어요.
　몸이 기우뚱하더니 운동화와 함께 발이 웅덩이에 빠져 버렸어요. 해송이는 재빠르게 발을 들어 올리려 했지만, 뭔가에 발이 묶인 것처럼 꿈쩍하지 않았어요.

"어! 어!"

눈 깜짝할 사이에 해송이는 웅덩이 속으로 빨려 들어갔어요. 황토색의 차갑고 미끄덩거리는 통로는 찰흙으로 만든 것처럼 부드러웠어요. 하지만 금세 머리가 어질어질해지면서 정신을 잃었어요. 해송이가 빠진 웅덩이가 있었던 자리는 서서히 말라 갔어요. 원래 웅덩이가 없었던 것처럼 말이에요.

"엄마, 추워. 이불 좀."

엄마는 대답이 없었어요.

"어…… 어, 엄마."

눈을 반쯤 뜬 해송이는 낯선 곳에 와 있었어요. 높게 솟은 나무 대문 앞에 공벌레처럼 몸을 웅크리고 있었어요.

그때 삐그덕 소리와 함께 나무 대문이 열렸어요. 해송이는 발딱 일어났어요.

"촤아아아아악!"

차가운 물이 해송이의 머리끝에서 발끝까지 뒤덮었어요. 추운 데다 차가운 물벼락을 맞은 몸은 바들바들 떨렸어요. 냄새도 꼬릿꼬릿했어요. 너무 놀라서인지 눈물도 나오지 않았어요.

그보다 해송이 눈앞에 나타난 사람은 전래 동화 속에서나 나올

법한 한복을 입고 있었어요. 또 머리에 이상한 탕건(벼슬아치가 갓 아래 받쳐 쓰던 관(冠)의 하나. 말총을 잘게 세워서 앞쪽은 낮고 뒤쪽은 높게 턱이 지도록 뜬다.)을 쓰고 수염까지 기른 채 큰 눈을 부라렸어요.

"왔으면 냉큼 들어와서 일하지 않고 여기서 게으름뱅이처럼 놀고 있었던 게냐!"

그 사람은 함지박을 해송이 가슴에 덥석 안기고 대문 안으로 들어가 버렸어요. 해송이가 어쩔 줄 모르고 있자 다시 벼락 같은 호통 소리가 들려왔어요.

"네 이놈!"

"어서 들어가. 그러다 고뿔 들라. 하필 놀부네 일하러 오다니, 쯧쯧."

지나가던 아줌마가 해송이 등을 떠밀었어요. 해송이는 얼떨결에 안으로 들어갔어요. 으슬으슬 추운 데다 배까지 고파 다른 생각을 할 겨를이 없었어요.

높은 대문 안은 대궐 같은 집은 아니었지만 넓은 마당이 있고 방도 많아 보였어요. 드라마에 나오는 부잣집 그대로였어요.

"여기가 네가 머물 방이다."

그중 대문 앞에 딸린 방을 놀부가 턱짓으로 가리켰어요. 방문을 열자 퀴퀴한 냄새가 훅 풍겨 왔어요.

바닥에 놓인 작은 상 위에는 흰밥도 아닌 묽은 죽이랑 간장 종지가 놓여 있었어요. 배는 고파도 먹고 싶은 생각이 전혀 들지 않았어요.

놀부가 들고 있던 옷을 방 안으로 휙 던졌어요. 옷이 펼쳐지면서 군데군데 해지고 너덜너덜해진 것이 한눈에 보였어요. 누가 공짜로 줘도 입지 않을 옷이었어요.

"저 집에 갈래요. 휴대 전화 좀 빌려 주세요."

"뭐? 지난번 녀석도 그러더니 오는 녀석마다 당최 이상한 소리만 하네. 시끄러워! 어서 갈아입고 나와!"

놀부의 목소리가 어찌나 큰지 방문이 흔들릴 정도였어요.

포대 자루를 뒤집어쓴 것처럼, 옷은 해송이에게 너무 컸어요. 그런데다 놀부가 운동화 대신 준 신발은 닳은 짚신이었어요. 해송이는 바지 끝자락을 둘둘 말고 방문을 나섰어요.

대문 밖은 사람들로 소란스러웠어요.

"어서 열거라."

놀부의 명령에 해송이가 빗장을 풀고 대문을 열자 삼삼오오 모여 있던 사람들이 우르르 들어왔어요. 사람들 손에는 바가지가 하

나씩 들려 있었어요. 모두 쌀을 빌리러 온 사람들이었어요.
놀부는 사람들에게 잠깐 기다리라 하고, 해송이를 데리고 광으로 향했어요.

광에는 쌀자루가 가득 쌓여 있었어요.

"쌀을 나눠 줄 땐 꼭 이 바가지를 쓰도록 하거라."

놀부가 건네준 바가지는 그냥 바가지하고는 달랐어요. 바가지 가운데 손바닥만 한 그릇이 거꾸로 찰싹 붙어 있었어요. 해송이는 이상하다고 생각했지만 더 이상 물어보지 못하고 놀부의 성화에 마당으로 뛰어갔어요.

첫 번째 쌀을 받은 농부가 고개를 갸웃갸웃했어요.

"이상하네, 이상해. 같은 바가지인데 지난번이랑 양이 다르단 말이야."

"이상하긴 뭣이 이상해! 빌려 가기 싫으면 내놓든가!"

놀부의 눈썹이 꿈틀거렸어요.

"아…… 아닙니다요."

농부는 허리를 굽신거리며 뒷걸음질했어요.

해송이는 이상한 바가지를 두고 옆에 다른 바가지를 들었어요. 깜짝 놀란 놀부가 해송이를 끌고 대들보 옆으로 갔어요.

"너만 모른 척하면 사람들은 몰라. 안 빌려주느니 빌려주는 것이 더 좋잖아. 그렇지?"

이상하다고 생각한 바가지 속 밥그릇의 정체는 쌀을 적게 담기 위한 것이었어요. 볼록 올라온 부분에 쌀이 담기지 않으니 놀부에게는 그만큼 이익이었지요. 해송이가 머뭇거리자 놀부가 가까이 오라고 손짓을 했어요.

"그만큼 너에게는 쌀밥을 줄 수 있다는 뜻이야. 이제 알아듣겠느냐?"

김이 모락모락 나는 쌀밥 생각으로 침이 꼴깍 넘어갔어요.

"하지만……."

"알았다. 배고픈 사람들에게 집으로 돌아가라고 하마."

놀란 해송이가 손사래를 쳤어요. 놀부는 수염을 쓰다듬으며 어슬렁어슬렁 사람들이 모여 있는 곳으로 돌아갔어요. 해송이도 쭈뼛쭈뼛 놀부를 따라갔고요.

그날 해송이의 저녁 밥상에는 하얀 쌀밥이 올라왔어요. 배가 고픈 해송이는 게 눈 감추듯 밥 한 그릇을 비웠어요. 배가 부르자 이번에는 졸음이 슬슬 몰려왔어요. 해송이는 자기도 모르게 쓰러져 잠이 들었어요.

"해가 중천인데 아직도 안 일어난 게야!"

방문이 벌컥 열리며 놀부가 나타났어요.

놀부는 다짜고짜 해송이를 데리고 밖으로 나갔어요. 아직 해가 뜨지 않은 마을은 닭 울음소리 말고는 사방이 조용했어요.

"돌을 줍거라."

갑자기 돌을 주우라니 또 뭘 시키려고 그러는지 해송이는 짐작이 가지 않았어요. 돌을 주머니에 가득 넣은 놀부와 해송이는 아름드리 밤나무 아래로 갔어요.

속이 꽉 찬 밤송이들이 주렁주렁 매달려 있었어요. 주머니에서 돌을 꺼낸 놀부가 밤나무를 향해 힘껏 던졌어요.

"던지지 않고 뭘 보고 서 있는 게야."

"아, 네."

두 개의 돌이 쉬이이익 바람을 가르며 날아갔어요.

돌은 밤송이를 아슬아슬 지나쳐 남의 집 담을 넘어갔어요. 곧이어 쨍그랑 소리가 들렸어요. 방문이 벌컥 열리고 누군가 다급하게 나오는 소리가 들렸어요.
"누구야!"
장독대 바닥은 흘러나온 간장으로 흥건했어요. 할머니는 담벼

락에 서 있는 놀부와 해송이를 발견하고 세모눈을 떴어요.

"옳아. 돌을 던진 범인들이구먼."

"허허. 우린 그냥 여기서 밤을 줍고 있었소."

놀부가 먼 하늘을 보며 딴청을 피웠어요. 할머니의 눈길이 놀부를 지나쳐 해송이에게 머물렀어요.

그때 놀부가 해송이 옆구리를 쿡 찔렀어요. 그러고는 귓가에 대고 속삭였어요.

"아무도 본 사람이 없으니 거짓말을 해도 절대 들키지 않아."

해송이가 놀부를 빤히 올려다봤어요.

"정말, 장독을 안 깼단 말이지?"

할머니와 해송이 눈이 마주쳤어요. 해송이는 고개를 천천히 끄덕였어요.

"허험. 어서 집으로 돌아가자꾸나."

놀부는 행여나 해송이가 다른 말을 할까 싶어 발길을 재촉했어요. 해송이는 뒤통수가 따가웠지만, 놀부를 따라 부지런히 발길을 옮겼어요.

혹시 할머니가 따라올까 걱정이 되었지만, 다행히 할머니는 따라오지 않았어요. 지난번에 농부들도 그렇고 이번에 할머니도 그렇고, 놀부와 해송이의 말에 다들 속아 넘어갔어요. 해송이는 조금 불편하려던 마음이 사라졌어요.

며칠이 지난 어느 날이었어요.

놀부가 해송이를 데리고 집을 나섰어요. 한참을 따라가던 해송이를 불러 세운 곳은 노랗게 익은 호박이 주렁주렁 열린 곳이었어요. 놀부는 흠흠 헛기침을 하더니 주위를 휘 둘러봤어요. 아무도 없는 것을 확인하고는 혼자 히죽 웃었어요.

집을 나설 때 놀부는 말뚝을 자루에 가득 담아 가지고 나왔어요. 자루에 무엇이 들어 있을까 궁금해하던 해송이는 그제야 자루 속에 담겨 있는 것이 말뚝이라는 것을 알게 되었어요.

"이러다 들키기라도 하면 큰일이다. 어서어서."

말소리를 낮추며 놀부가 첫 번째 호박에 말뚝을 뚝딱 박았어요. 말뚝이 박힌 호박이 쩌어억, 소리를 내며 갈라졌어요. 호박에 말뚝을 왜 박는지 해송이는 이해할 수 없었어요.

다섯 개의 호박에 말뚝을 다 박은 놀부는 뭐가 좋은지 키득거렸어요.

"다른 곳으로 이동."

옷자락을 바람에 날리며 놀부는 시원스럽게 앞장서서 걸어갔어요.

"이번에는 내가 망을 볼 테니 네가 하거라."

놀부는 화를 낼 때와는 달리 아주 친절하게 호박에 말뚝 박는 방법을 알려 주었어요.

"말뚝을 왜 박는 거예요?"

"그걸 몰라서 물어? 남의 집 호박이 잘되는 걸 어떻게 봐. 우리 집 호박만 잘되면 그만이지. 어서어서 서둘러."

"하지만……."

"말할 시간에 말뚝 하나 더 박겠다!"

놀부가 퉁바리를 주었어요.

해송이가 다른 호박에 말뚝을 박고 있을 때, 어디선가 인기척이

들렸어요.

"남의 호박에 뭣들 하는 거요!"

해송이가 엉거주춤 일어나 말뚝을 뒤로 숨겼어요.

"누가 그렇게 호박에 말뚝을 박아 놓나 했더니 네놈이구나."

화가 난 농부가 해송이의 멱살을 잡았어요.

"그런 게 아니라……."

해송이는 주변을 두리번거리며 놀부를 찾았지만 놀부는 그새 도망가고 없었어요.

해송이는 농부에게 손이 발이 되도록 빌고 나서야 겨우 집으로 돌아올 수 있었어요.

"혼자 두고 가는 게 어딨어요?"

얼마나 혼난 줄 알아요?"

"예끼, 이 녀석아! 아직도 정신을 못 차린 게냐. 군말 말고 시키는 대로 해."

놀부는 하루도 가만있지 않았어요. 밭에 똥 싸고 있는 아이 뒤에 몰래 가서 주저앉히고……. 아이는 목이 터져라 우는데 놀부는 마냥 기분이 좋아 보였어요.

"아이고, 심술 맞은 놀부 때문에 못 살겠네. 부끄럽지도 않나, 나 원 참."

아이 엄마가 아이를 일으켜 세우며 고개를 절레절레 저었어요.

해송이는 놀부와 저만치 떨어져서 걸었어요. 가슴이 쿵쾅대고 얼굴이 빨갛게 달아올랐어요. 아이 엄마의 부끄럽지 않냐는 말이 가슴에 콕 와서 박혔어요.

그날 밤 해송이는 잠을 이룰 수가 없었어요. 놀부가 나쁜 일을 시킬 때마다 이상한 마음이 몽글몽글 가슴속에 피어났어요. 어떨 땐 얼굴이 빨개져서 그 자리에서 도망치고 싶을 때도 있었고, 자꾸 뒤로 숨고 싶을 때가 많아졌어요.

다음 날, 놀부가 웬일인지 꿈쩍하지 않았어요. 덕분에 해송이는 마당이나 쓸면서 느긋한 하루를 보냈지요.

"불이야! 만덕이네 집에 불이 났어요."

담 너머로 사람들의 다급한 목소리가 들렸어요. 그 소리를 듣자마자 놀부가 방에서 뛰어나왔어요.

"어서 가자. 부채 챙기고."

놀부가 신발을 신는 둥 마는 둥 뛰어나갔어요. 해송이는 부채를 챙겨 놀부를 따라나섰어요.

만덕이네 집 나무 울타리와 지붕에 불이 붙어 활활 타오르고 있었어요. 사람들이 물을 담아 와 쏟아붓느라 정신이 없었어요. 다행히 빨갛게 타오르던 불은 점점 작아졌어요.

그때였어요.

"저기 불길이 살아 있구나. 부채질을 하거라."

"예?"

해송이는 자기 귀를 의심했어요.

"불난 집에 부채질하는 것이 내 특기 중 최고지."

"싫어요! 부채질은 못 하겠어요."

"지금 뭐라고 한 거냐?"

놀부는 듣고도 믿을 수가 없어 다시 물었어요.

"못 한다고요!"

"네 이놈!"

화가 난 놀부가 얼굴에 부채질을 했어요.

"당장 부채질을 하지 않으면 쫓겨날 줄 알아라."

　　놀부의 눈에서 불꽃이 튀었어요. 해송이는 고개를 저으며 곧바로 집으로 뛰어갔어요.
　　금방 쫓아온 놀부가 방문을 벌컥 열었어요.
　　"갑자기 이러는 이유가 무엇이냐. 말이나 들어 보자."
　　"부끄러워서요."
　　"부끄러워? 뭐가 부끄럽다는 것이냐?"
　　"모두 다요. 남을 속였던 것도, 호박에 말뚝 박은 것도, 불난 집에 부채질하는 것도 부끄러워요."
　　"허허! 별 이상한 녀석을 다 보겠네. 부끄러운 것이 밥을 주더냐, 반찬을 주더냐."
　　놀부는 기가 막혔어요.
　　"당장 내 집에서 나가!"
　　해송이는 대문 밖으로 쫓겨났어요.
　　"옷은 돌려 주세요."
　　잠시 후 문이 삐걱 열리며 보따리 하나가 던져졌어요. 보따리 안에는 해송이가 입고 온 옷과 신고 온 운동화가 들어 있었어요.

인문철학 왕 되기

떳떳하다는 건 어떤 감정일까?

자신한테 늘 떳떳하게
행동할 수 있을까요?
부끄럽다는 감정을
느끼지 않고요.

해송이 엄마가 한 말 있잖아. "누나가 말해 주지 않았으면 엄마는 몰랐을 거야. 하지만 해송이는 스스로 알고 있었잖아. 엄마도 누나도 아니고 해송이 자신에게 떳떳해야 해." 이게 무슨 뜻일까?

거짓말은 부끄러운 일이라고 하는 거 아니야?

그게 아니라 '자신에게 떳떳해야' 한다잖아. 어떻게 자기가 자기를 속이는 거냐고!

선생님, 자기에게 떳떳하다는 게 무슨 말이에요?

내 잘못을 남에게 들키면 부끄럽잖아. 그런데 남에게는 안 들켰어도 기분이 찜찜할 때가 있잖니. 이럴 때 자기 잘못을 솔직하게 고백하고 바로잡는 게 자기 자신에게 떳떳한 일인 거지.

긍정적인 부끄러움

내 잘못된 행동이나 말, 생각을 남에게 들키면 부끄러운 게 당연해. 그런가 하면 다행히 남들에게 들키지는 않았어도 나 자신이 아는 내 잘못 때문에 부끄러움을 느끼기도 하지.

대체 왜 그럴까요?

사람은 누구나 좋은 사람, 올바른 사람이 되고자 하는 욕구가 있단다. '나는 좋은 사람이야.' 하는 그 기준에 실제 내 행동이 맞지 않다면 부끄러움이 생기는 거야. 부끄러움은 내 행동이 떳떳하지 못하다는 것을 나만 알 때도 생기는데, 이때의 부끄러움은 매우 긍정적인 감정이란다. 자기를 반성할 줄 아는 능력이기 때문이지.

그럼 부끄러움은 언제 생길까요?

부끄러움은 다음과 같은 경우에 생긴단다.

1 내 잘못된 행위를 다른 사람이 보았을 때

2 내가 '나답게 잘 살고 있는가?'를 생각해 봐서 실제로 그에 못 미칠 때

3 부끄러움은 놀부 같은 사람의 잘못된 행동을 보면서 내가 느끼는 감정이기도 해.

4 인간이 자연을 마구 개발해서 자연을 훼손한 행위는 내가 한 것은 아니라도 인간으로서 자연에게 부끄러운 일을 한 거야. 내가 했건 안 했건 인간이 자연에게, 동물에게 한 행동들에 대해 인간으로서 잘못된 행동을 한 것이 미안하고 부끄러운 것이지.

> 부끄러운 감정이 나쁘기만 한 건 아니구나.

동화 속에서 만난 친구

그렇게 해송이와 경아는 서로 웅덩이를 차지하려 하는데…….

팥쥐는 몰라

　놀부네 집에서 쫓겨난 해송이는 보따리를 들고 웅덩이를 찾아 나섰어요. 그때 그 웅덩이만 찾으면 다시 집으로 돌아갈 수 있을 것 같았어요.
　하지만 비가 내리지 않아 먼지만 날리는 길 위에 웅덩이가 보일 리 없었어요. 그러다 해송이의 눈에 작은 웅덩이가 보였어요. 웅덩이 크기도 변기 뚜껑만 했어요. 기쁜 마음에 뛰어간 해송이는 그 자리에 털썩 주저앉고 말았어요. 간절하게 웅덩이를 찾던 해송이 눈에 헛것이 보인 것이었어요.
　해가 뉘엿뉘엿 지고 어둠이 내려앉은 마을은 불 때는 냄새로 가득했어요. 해송이는 남의 집 굴뚝 옆에 쭈그리고 앉았어요. 하늘에 두둥실 보름달이 떠올랐어요. 보름달과 함께 엄마 얼굴도 떠올

랐어요.
"엄마."
입 밖으로 엄마를 부르자 코끝이 매워지면서 눈물 한 방울이 톡 떨어졌어요. 아빠도 보고 싶고 얄미운 누나도 보고 싶었어요.
"으아…… 아아앙!"
해송이는 눈물 콧물 범벅이 되어 서럽게 울었어요.

"얘, 여기서 뭐 하니?"

불쑥 얼굴 하나가 해송이 앞으로 다가왔어요. 눈망울이 큰 여자아이였어요.

여자아이는 쪼그리고 앉아 해송이를 바라봤어요.

해송이는 보따리를 더 세게 끌어안았어요. 눈치 없는 배에서 꼬르륵꼬르륵 밥 달라고 아우성을 쳤어요. 놀부네 집에서 쫓겨난 후 아무것도 먹지 않았거든요.

"배고프구나."

여자아이는 치맛자락을 뒤지더니 손바닥 반만 한 누룽지를 건넸어요.

"괜찮아. 어서 먹어."

해송이가 주춤하자 여자아이가 누룽지를 손에 쥐여 줬어요. 누룽지는 바삭하고 고소했어요. 그런데 배는 누룽지를 먹고 나니 더 달라고 아우성을 쳤어요.

"우리 집으로 가자. 집에 가면 식은 밥이 좀 있을 거야."

해송이는 망설이다 여자아이를 따라나섰어요.

여자아이는 살금살금 싸리문을 열고 해송이를 부엌으로 데리고 갔어요. 그러고는 조용히 솥단지 뚜껑을 열고 하얀 쌀밥 한 그릇

을 내주었어요.

"콩쥐 언니야?"

부엌문이 활짝 열리며 팥쥐가 얼굴을 내밀었어요.

"팥쥐야, 그게 말이야……. 밖에서 울고 있어서 가엾어 데리고 왔어."

"누가 뭐래?"

얼굴에 주근깨가 가득한 팥쥐가 해송이를 보고 히죽 웃었어요.

"엄마가 항아리에 물 다 채워 놓으래."

"알았어. 내일 채울게."

"당장 내일 마실 물도 없단 말이야!"

팔짱을 끼고 팥쥐가 한쪽 발을 쿵쿵 굴렀어요.

콩쥐는 작은 항아리를 머리에 이고 집을 나섰어요. 깜깜한 밤에 물을 길러 가다니, 해송이로서는 상상도 할 수 없는 일이었어요. 해송이도 콩쥐를 따라나서려고 일어섰어요.

"나 혼자 있는 거 무서운데."

팥쥐가 칭얼거렸어요.

"넌 팥쥐랑 같이 있어 줘. 얼른 다녀올게."

해송이는 어쩔 수 없이 팥쥐랑 같이 있게 되었어요.

팥쥐는 해송이 옆에서 쫑알쫑알 떠들었어요. 아빠는 돌아가시고 엄마는 친척 집 잔치에 갔다고 했어요. 며칠 동안 언니인 콩쥐랑 둘이 있어야 한다며 입을 샐쭉거렸어요. 해송이는 다른 얘기는 하지 않고 길을 잃어버렸다는 말만 했어요.

"우물이 여기서 멀어?"

고개를 쭉 빼고 해송이는 오지 않는 콩쥐를 기다렸어요.

"알아서 오겠지. 한두 번 길러 간 것도 아닌데, 뭐."

팥쥐는 콩쥐를 걱정하기는커녕 해송이랑 놀 생각뿐이었어요.

때마침 물이 가득 담긴 항아리를 이고 콩쥐가 마당으로 들어섰어요. 해송이는 얼른 뛰어가 물 항아리를 같이 들었어요.

뒤뜰에 있는 항아리는 해송이가 까치발을 들어야 할 정도로 높고 양손을 펼쳐 안아도 닿지 않을 만큼 컸어요. 항아리를 다 채우려면 밤새 물을 길어 와도 채울 수 없을 것 같았지요.

작은 항아리에 담긴 물을 큰 항아리에 붓고 콩쥐는 쉴 틈도 없이 다시 항아리를 머리에 올렸어요. 해송이도 부엌에 있는 그릇을 찾아 콩쥐를 따라나서려 했어요. 그런 해송이를 팥쥐가 잡아끌었어요.

"그러지 말고 나랑 놀자."

"뭐?"

"나랑 놀아 주면 집을 찾을 때까지 여기서 지낼 수 있게 해 줄게. 맛있는 것도 주고. 우리 엄마가 돌아오면 집도 같이 찾아 줄 수 있어."

"하지만……."

해송이는 문 앞에 서 있는 콩쥐를 바라봤어요.

팥쥐는 안 되겠다 싶었는지 방으로 들어가 삶은 고구마를 들고 나왔어요. 달큰한 고구마 냄새에 해송이의 배가 다시 요동쳤어요. 팥쥐는 이때다 싶어 간식 주머니를 펼쳐 보였어요. 간식 주머니에는 달달한 사탕과 약과, 유과가 그득 담겨 있었어요. 해송이는 일단 팥쥐랑 놀아 주고 간식을 받아 콩쥐에게 주고 싶었어요.

"혼자 다녀와도 괜찮아. 진짜야."

해송이의 마음을 알아챈 콩쥐가 괜찮다며 손을 흔들었어요.

콩쥐 덕분인지 팥쥐 덕분인지 해송이는 오랜만에 배가 터지도록 실컷 먹고 푹 자고 일어났어요. 팥쥐가 건네준 비단 잠옷은 부드러워서 자꾸만 손이 갔어요.

부엌에서 달그락거리는 소리와 함께 밥 짓는 구수한 냄새가 풍겨 왔어요. 해송이가 하품을 늘어지게 하며 부엌을 기웃거렸어요. 콩쥐가 밥상을 차리고 있었어요. 콩쥐는 물을 길어 오느라 한숨도 못 잤는지 피곤해 보였어요.

"배고프지? 어서 밥 먹자."

밥상 위에는 나물들과 구운 생선이 있었어요.

해송이는 군침을 흘리며 팥쥐를 깨웠어요. 팥쥐는 졸린 눈을 비

비며 밥상 앞에 겨우 앉았어요.

"고기반찬이 없잖아. 안 먹어!"

팥쥐는 숟가락을 밥상 위에 던지고는 도로 누웠어요.

"점심에는 고기반찬 해 줄게. 어서 먹어."

화도 안 나는지 콩쥐는 팥쥐를 달랬어요.

"엄마한테 다 이를 거야."

끝까지 밥을 먹지 않은 팥쥐는 콩쥐가 상을 치우는 동안 엄마가 자기만 먹으라고 했다면서 소고기 말린 것을 꺼냈어요. 팥쥐는 콩쥐는 안 주고 해송이만 줬지요. 맛을 본 해송이도 눈이 휘둥그레졌어요.

"엄마가 매일매일 집 안 청소하라고 했어."

팥쥐는 콩쥐가 잠깐이라도 앉아 있는 꼴을 못 봤어요. 팥쥐는 손 하나 까딱하지 않으면서 콩쥐가 잘하는지 지켜보았어요.

처음엔 해송이도 콩쥐가 일을 하면 같이 하려고 일어섰지만 그때마다 팥쥐가 같이 놀자며 해송이를 잡았어요. **해송이도 점점 팥쥐랑 노는 것이 편하고 좋았어요.**

콩쥐가 말없이 마당을 쓸고 있을 때, 해송이가 비적비적 다가갔어요.

"왜 그렇게 팥쥐에게 꼼짝을 못 해?"

"하나밖에 없는 동생이잖아. 어머니가 먼 길 떠나시면서 팥쥐를 잘 돌보라고 부탁을 했어."

콩쥐는 착해도 너무 착한 언니였어요. 팥쥐는 콩쥐 걱정이라고는 눈곱만큼도 안 하는데 말이에요. 해송이는 갑자기 콩쥐가 불쌍해 보였어요.

"언니!"

팥쥐가 콩쥐를 또 불렀어요. 콩쥐는 마당을 쓸다 말고 팥쥐에게 달려갔어요.

뒤뜰에는 콩이 가득 담긴 자루가 놓여 있었어요. 팥쥐가 자루를 거꾸로 쏟자 콩과 수수가 섞여 와르르 쏟아졌어요.

"엄마가 올 때까지 콩을 다 골라 놓으래."

"이 많은 걸 혼자서 말이야?"

"응."

팥쥐는 손에 묻은 먼지를 탁탁 털었어요.

"하지만 집 안 청소도 아직 끝나지 않았는걸."

"그러니까 빨리빨리 해야지."

"팥쥐야, 언니 좀 도와줘."

처음으로 콩쥐가 팥쥐에게 도와 달라는 말을 했어요.

"내가 왜? 엄마가 언니한테 시킨 일이잖아."

팥쥐는 입을 실룩거리며 돌아섰어요. 콩쥐가 해송이를 쳐다봤어요. 해송이가 봐도 콩을 고르는 일은 쉽지 않아 보였어요. 해송이가 망설이는 사이 팥쥐가 해송이 팔을 잡아당겼어요.

"뭐 해. 우리 놀기로 했잖아."

"어? 어…… 그랬지."

마지못해 해송이는 팥쥐가 이끄는 대로 마루 위로 올라갔어요. 마음은 불편했지만 선뜻 나서기가 어려웠어요.

콩쥐는 마당을 쓸고 마루를 닦은 후 허리를 툭툭 두드렸어요. 그러고는 뒤뜰로 가 고개를 푹 숙이고 콩을 골랐어요.

구부정한 콩쥐의 등을 바라보며 해송이는 놀부 집에 있을 때 느꼈던 부끄러운 감정이 쑥 올라왔어요. 굴뚝 옆에 있던 해송이를 집으로 데려온 것은 콩쥐였는데, 해송이는 콩쥐를 나 몰라라 하고 팥쥐랑 놀고먹기만 했어요. 가슴이 꿀렁꿀렁거리고 얼굴이 빨개졌어요. 하지만 팥쥐랑 놀지 않으면 비단옷도 편한 잠자리도 맛있는 간식들도 먹을 수 없었어요. 어쩔 수 없는 일이라며 해송이는 애써 고개를 세차게 저었어요.

하루는 팥쥐가 집에서 한참 떨어진 산으로 놀러 가자며 해송이와 콩쥐를 불렀어요. 콩쥐는 좋아서 얼른 도시락을 싸겠다며 부엌으로 들어갔어요. 처음 있는 일이라 해송이는 의아해서 팥쥐 귀에 대고 속삭였어요.

"콩쥐도 같이 가?"

"그럼. 언니는 꼭 데려가야 해."

셋은 햇살을 맞으며 가벼운 발걸음으로 산에 도착했어요.

"여기야."

팥쥐가 나뭇잎이 무성한 나무를 가리켰어요. 나무 앞으로 넓게 펼쳐진 돌밭을 보며 콩쥐는 고개를 갸웃거렸어요. 해송이도 이상하긴 마찬가지였어요.

"엄마가 그러는데……."

팥쥐는 나무 그늘 아래 앉으며 씽긋 웃었어요. 팥쥐의 뒷말이 무엇인지 짐작이 가고도 남은 해송이는 이마를 탁, 쳤어요.

"설마? 아니지?"

"아니긴 뭐가 아니야? 밭에 있는 돌을 다 골라 내라고 했어. 언니 혼자."

"이 많은 돌을 어떻게 골라 내?"

기가 막힌 콩쥐가 자리에 주저앉았어요.

"걱정 마. 호미도 가져왔어."

호미는 딱 한 자루였어요. 그것도 쇠로 만든 호미가 아닌 나무로 만든 호미였어요.

콩쥐는 눈가에 눈물이 그렁거렸지만 꾹 참고 밭을 매기 시작했어요. 뜨거운 햇살이 콩쥐 머리 위로 강렬하게 쏟아졌어요.

해송이는 가슴이 답답했어요. 땡볕에서 콩쥐만 밭을 매고 팥쥐와 해송이는 나무 그늘에서 쉬고 있는 것이 떡이 목에 걸린 것처럼 마음에 묵직하게 걸렸어요. 더 이상 참을 수 없었던 해송이는 벌떡 일어섰어요. 그때를 맞춰 노래를 흥얼거리던 팥쥐도 벌떡 일어섰어요.

"너무 덥다. 그만 내려가자."

"콩쥐만 두고 내려간다고?"

"언니는 아직 끝나려면 멀었는데 어떡해."

아무렇지도 않게 콩쥐를 두고 간다는 팥쥐의 말에 해송이는 속이 부글부글 끓었어요.

"야!"

"왜?"

팥쥐가 눈을 껌벅였어요.

"아…… 아니. 나무 호미가 부러진 거 같아서."

차마 해송이는 하고 싶은 말을 하지 못했어요. 언니만 부려먹는 것이 부끄럽지 않냐고 말하고 싶었지만 해송이도 콩쥐를 도운 적이 없어서 부끄러운 것은 마찬가지였어요.

산을 내려오며 해송이는 뒤를 힐끔거렸어요. 콩쥐가 알아서 내려와 주길 간절하게 바랐어요.

"스스로에게 떳떳한 사람이 되라고 그랬는데……. 엄마가 알면 실망할 거야."

해송이는 땅이 꺼져라 한숨을 내쉬었어요.

"스스로에게 떳떳한 사람?"

팥쥐가 해송이가 한 말을 다시 되뇌었어요.

"부끄러운 사람이 되지 말라고 했단 말이야."

"부끄러운 게 뭐야? 그거 먹는 거야?"

"뭐?"

해송이는 어이가 없어 고개를 잘래잘래 흔들었어요.

인문철학 왕 되기

① ② ③ ④

부끄러운 건 나쁜 게 아니야!

해송이는 왜 그렇게 팥쥐한테 끌려 다닐까요? 콩쥐를 왜 도와주지 않았을까요?

그거야 팥쥐가 해송이에게 맛있는 것을 주고, 걱정 없이 노는 것이 편하니까 그렇지.

해송이는 왜 팥쥐 얘기만 듣는 거야?

해송이 걔도 이상해. 자기에게 이익이 있으니까 자기를 도와준 콩쥐를 내팽개친 거잖아!

그래도 나중에는 콩쥐가 밭에서 돌을 골라 낼 때 해송이는 나무 그늘에서 쉬고 있는 것이 떡이 목에 걸린 것처럼 마음에 묵직하게 걸렸다고 했어.

그게 무슨 말일까? 미안하다는 뜻일까?

뭐, 부끄럽다는 뜻이겠지. 자기 행동에 문제가 있다는 것을 알게 된 거고.

소쌤의 철학특강

부끄러움에 꼭 필요한 힘!

우리는 옛날부터 오줌, 똥, 침, 콧물과 같은 것에 대해 더럽다고 해 왔지. 그런데 이것들은 다 우리 몸 안에서 나오는 거고, 그 누구도 예외 없이 생기는 거니까 더럽다고 하지 말아야 하지 않을까?

방귀가 나오려 할 때 다른 사람들을 위해 참거나 밖으로 나와서 해결하는 것이 예의 있는 행동이야. 그러나 갑자기 자기도 모르게 살짝 나오는 방귀를 뀌었다고 그 친구를 놀리거나 창피를 주면 안 돼. 방귀는 살아 있는 동물이라면 대부분 뀌는 거니까 말이야. 소, 양, 개, 고양이에게 방귀 뀌었다고 놀리지는 않잖니.

하지만 친구들이 방귀 뀌면 냄새 난다고 놀리고 싶어져요. 하하.

부끄러운 생각이 들 때도 분별력이 필요하단다!

'이것은 내가 잘못한 일인가?', '잘못도 안 했는데 친구가 창피를 준 것인가?' 하는 판단이 꼭 필요하단다. 내가 부끄러운 행동을 안 했는데 창피를 주면 억울하기 때문이야. 장애가 부끄러운 것이 아닌데 아이들이 장애인을 놀리거나 함부로 대하면 안 되는 것처럼. 이때는 장애인이 부끄러움을 느껴야 하는 것이 아니라 놀리는 친구가 부끄럽게 생각을 해야 하지.
부끄러움은 분별력이 있어야 상처가 되지 않는단다.

> 부끄러움은 다른 사람이 내 행동을
> 보았기 때문에 발생하는 것만은 아닙니다.
> 자기가 스스로 평가했을 때도
> 부끄러움을 느낄 수 있지요.

버나드 윌리엄스(1929~2003)
영국의 철학자.

해송이가 피구 공에 손톱이 맞았는지, 안 맞았는지, 남들은 몰라도 해송이만은 정확히 알 수 있어. 해송이가 우겨서 경기에는 이겼지만 스스로 떳떳하지 못하고 늘 찜찜하다는 것은 자기도 '뭔가 잘못'되었다, 뭔가 '내가 부끄러운 짓을 했구나.'를 안다는 거야.
내 부끄러운 행동이 남에게 들켰을 때보다 나 스스로 민망하고 부끄러울 때, 이 감정은 보다 더 도덕적이고 고귀한 행위를 하도록 만든단다. 부끄러움은 잘못된 행동 때문에 생긴 것이지만 '앞으로는 그런 행동을 안 해야지.' 하는 생각을 하게 만들어. 그래서 부끄러움을 **'도덕으로 가는 징검다리'**라고 할 수 있단다.

다시 태어난 해송이

산을 다 내려왔을 때 우르르쾅쾅! 하늘이 무너지는 소리가 들렸어요. 귀를 찢는 천둥소리와 함께 번개가 하늘을 갈라놓았어요.

"꺄아아아!"

해송이와 팥쥐는 서로를 부둥켜안고 소리를 질렀어요. 곧이어 굵은 빗방울이 머리 위로 정신없이 쏟아졌어요. 해송이와 팥쥐는 누가 먼저랄 것도 없이 집으로 뛰어갔어요.

그날 밤, 해송이는 추워서 이불을 자꾸 끌어당겼어요. 온몸이 벌벌 떨리는 것이 끙끙 앓는 소리가 절로 나왔어요.

"흐으으흐응."

비를 흠뻑 맞은 탓에 감기에 걸려 열이 펄펄 났어요.

"시끄러워서 잠을 잘 수가 없잖아. 조용히 좀 해!"

해송이가 가져간 이불을 확 잡아당기며 팥쥐가 성질을 냈어요.

"파…… 팥쥐야…… 아…… 아파."

"뭐라는 거야?"

귀를 틀어막으며 팥쥐가 모로 누웠어요.

해송이는 밤새 쫓기는 꿈을 꾸었어요. 찾아야 할 웅덩이는 나타나지 않고, 심술궂은 놀부가 나타나 해송이를 괴롭혔어요.

"저리 가! 저리 가란 말이야."

팔을 허우적거리다 해송이가 눈을 떴어요. 온몸은 땀으로 흠뻑 젖어 있었어요.

"이제 정신이 좀 들어?"

새 물수건이 해송이 이마에 얹어졌어요. 밤새 해송이 옆에서 간호를 한 것은 날마다 놀자던 팥쥐가 아니라 콩쥐였어요. 팥쥐는 옆에서 태평하게 코를 골며 자고 있었어요.

"열이 안 떨어져서 얼마나 걱정했나 몰라. 죽 좀 쑤어 올 테니 쉬고 있어."

콩쥐는 하품을 참으며 방을 나갔어요.

　해송이는 그런 콩쥐를 보며 지난날의 모습이 떠올랐어요. 콩쥐 혼자 물을 길어 오게 했던 일, 콩과 수수를 고르는 콩쥐를 외면했던 일, 돌밭에서 먼저 내려왔던 일이 차례대로 떠올랐어요.
　"미안해, 콩쥐야."

너무 부끄러운 나머지 해송이는 이불을 뒤집어썼어요.

며칠을 더 앓고 일어난 해송이는 거짓말처럼 건강해졌어요. 다 콩쥐 덕분이었어요. 콩쥐가 지극정성으로 해송이를 돌봐 주었기 때문이었어요. 깨우지도 않았는데 아침부터 일찍 일어난 해송이는 콩쥐가 있는 부엌으로 쪼르륵 달려갔어요.

"콩쥐야, 내가 마당 쓸까?"

"어? 그…… 그래."

어리둥절한 콩쥐가 해송이를 한참 바라봤어요.

"마당 다 쓸면 물 길러 올까?"

"괜찮아. 물은 내가 길러 올게."

"아냐. 같이 가자."

싱글벙글거리며 해송이가 마당에 비질을 했어요. 그런 해송이를 팥쥐가 지켜보고 있었어요.

"해송이 너, 아직도 아파?"

"아프긴! 콩쥐 덕에 다 나았어."

"비질은 언니 보고 하라고 하고 나랑 놀자."

빗자루를 뺏으며 팥쥐가 해송이의 팔을 흔들었어요.

"마당부터 쓰는 게 먼저야. 노는 건 나중에."

"뭐야. 아프고 나더니 이상해졌어. 나랑 놀기 싫은 거야?"

팥쥐가 허리에 손을 얹고 씩씩거렸어요.

"앞으론 콩쥐 일을 나눠서 할 거야. 팥쥐 너도 놀지만 말고 콩쥐를 도와줘."

"싫어! 안 해!"

팥쥐는 마을이 떠나가라 소리를 질렀어요. 그 소리를 듣고 콩쥐가 뛰어왔어요.

"무슨 일이야?"

콩쥐를 사이에 두고 팥쥐와 해송이는 서로를 흘겨봤어요.

"나도 잘한 거 없지만 팥쥐 너는 정말 나쁜 동생이야."

"하아…… 누가 할 소린데."

"부끄러움도 모르면서!"

"엄마 오면 다 이를 거야."

분한 팥쥐가 엄마를 들먹였어요.

"우리 집에서 당장 나가!"

팥쥐는 당장 집에서 나가라며 발길질을 해 댔어요.

"나가라면 누가 못 나갈 줄 알고."

해송이는 방 안에서 보따리를 찾아 싸리문을 성큼성큼 나섰어요. 콩쥐는 방방 뛰는 팥쥐를 잡느라 해송이를 잡을 겨를이 없었어요.

해송이는 큰소리를 치고 콩쥐네 집을 나왔지만 어디로 가야 할지 몰랐어요. 오른쪽으로 가야 할지 왼쪽으로 가야 할지 아니면 가운데 길로 가야 할지, 해송이는 한참을 망설였어요.

"에이, 몰라. 가운데 길로 갈 테야."

가운데 길로 막 들어서려던 해송이 눈에 작은 웅덩이가 설핏 보였어요. 해송이는 지난번처럼 헛것이 보이는 것이 아닐까 싶어 눈을 비볐어요.

"찾았다!"

종종걸음으로 찾아간 자리에 진짜 웅덩이가 있었어요. 해송이는 너무 좋아서 폴짝거리며 뛰었어요. 그렇게 찾으려고 할 땐 눈에 보이지 않던 웅덩이가 짠 하고 눈앞에 나타나다니 믿을 수가 없었어요. 이제 발을 담그고 웅덩이 속으로 들어가기만 하면 끝날 거예요.

"자…… 자, 잠깐만!"

콩쥐가 헐레벌떡 뛰어왔어요.

"콩쥐야……."

이마에 흐르는 땀을 닦으며 콩쥐가 누런 천에 싼 것을 해송이에게 건넸어요.

"이게 뭐야?"

"가다가 배고프면 먹어."

둥글둥글한 주먹밥 두 덩이가 누런 천 안에 있었어요. 해송이는 눈물을 글썽였어요. 콩쥐에게 뭔가 주고 싶은데 가진 것이라고는 옷과 운동화뿐이었어요.
 "아, 잠깐만."
보따리에서 운동화가 쏙 나왔어요.
 "이거 받아 줘. 네가 신은 것보다 더 편할 거야."
 "으응."
콩쥐는 운동화를 가슴에 꼭 껴안았어요.
 "콩쥐야……."

　　미안하다, 고맙다라는 말을 해야 하는데 입술이 옴싹달싹하지 않았어요. 콩쥐는 해송이의 마음을 아는지 함박웃음을 지어 주었어요.
　　그때였어요.
　　콩쥐의 뒤로 팥쥐가 소리를 지르며 뛰어오고 있었어요.
　　"거기 서!"
　　팥쥐뿐만 아니라 집에 돌아온 팥쥐 엄마도 함께였어요. 화들짝 놀란 콩쥐가 어서 가라며 손짓을 했어요. 해송이는 얼른 웅덩이에 발을 담갔어요. 그런데 쑥 들어가야 하는 발이 그대로였어요. 팥쥐와 팥쥐 엄마는 점점 가까이 오고 있었어요.

"어서 도망가."

해송이 등을 콩쥐가 떠밀었어요.

"그게 아니라 웅덩이가, 웅덩이가 이상해."

"웅덩이가 뭘 어쨌다고 그래."

웅덩이에 발을 넣었다 뺐다를 반복하는 해송이가 콩쥐는 이상해 보였어요.

"이 도둑놈!"

어느새 팥쥐 엄마가 나타나 해송이의 뒷목을 움켜잡았어요.

"가긴 어딜 가. 그동안 먹고 재워 주었으면 보답을 해야지."

"이거 놔요!"

해송이가 발버둥을 쳤지만 팥쥐 엄마는 놔주지 않았어요.

"어머니, 놔주세요."

"언니는 빠져."

앙칼진 팥쥐가 콩쥐를 밀쳤어요.

그 순간 해송이는 발이 묵직해지는 것을 느꼈어요. 처음 웅덩이

에 빠졌을 때처럼 말이에요. 쑥, 쑤우욱 소리와 함께 발이 점점 웅덩이 속으로 빨려 들어갔어요. 해송이를 잡고 있던 팥쥐 엄마의 몸도 해송이를 따라 움직였어요.
"콩쥐야, 고마워!"

몸이 웅덩이 속으로 반쯤 들어갔을 때 해송이는 비로소 콩쥐에게 하지 못했던 말을 했어요. 팥쥐 엄마는 해송이를 놓치지 않으려고 안간힘을 썼어요.

"팥쥐야, 엄마를 끌어당겨라."

팥쥐가 팥쥐 엄마의 허리를 잡아당겼어요. 하지만 웅덩이 속으로 빨려 들어가는 해송이 몸 전체를 끌어낼 수는 없었어요.

미끌미끌, 촉촉하고 시원한 진흙의 감촉이 해송이를 감쌌어요.

해송이가 눈을 떴을 때, 웅덩이에 빠진 상태 그대로였어요. 옷차림도 입었던 그대로였어요. 단지 콩쥐에게 주고 온 운동화는 보이지 않았어요. 해송이가 신고 있던 짚신도 보이지 않았어요.

맨발로 집에 돌아온 해송이를 보고 엄마는 깜짝 놀라 입이 벌어졌어요.

"해송아, 무슨 일이야?"

"엄마, 할 말이 있어."

해송이는 입에 모터가 달린 것처럼 지금까지 부끄러웠던 행동들을 줄줄이 말했어요. 엄마는 고개를 끄덕이기도 하고, 때론 인상을 쓰기도 하고, 때론 턱에 손을 괴기도 하면서 해송이 말을 들어 주었어요.

다 듣고 난 엄마는 해송이를 흐뭇하게 바라봤어요. 그러고는 해송이 머리를 쓰다듬어 주었어요.

다음 날, 해송이는 가벼운 발걸음으로 학교에 갔어요.

체육 시간에는 지난번 승부를 가리지 못한 피구를 다시 하게 되었어요. 또다시 준수 팀에는 서너 명이 남았고, 해송이 팀에는 지수와 둘이 남는 상황이 되었어요.

"해송아, 끝까지 살아남아야 해."

지수가 주먹을 불끈 쥐었어요.

"당연하지. 우리 팀이 꼭 이길 거야."

준수가 공을 만지작거렸어요. 준수 팀의 공격이라 해송이와 지수는 준수의 행동 하나하나를 유심히 쳐다봤어요.

"이얏!"

쉬이이이이익, 바람을 가르는 소리와 함께 공이 지수를 지나쳐 해송이를 향해 날아왔어요. 해송이의 새끼손가락을 살짝 스쳐 지나간 공은 바닥으로 떨어졌어요.

그 순간을 준수가 놓칠 리 없었어요.

"해송이 죽었어요!"

준수는 의기양양하게 소리쳤어요.

"무슨 소리야. 해송이 맞는 거 못 봤는데! 지난번에도 그러더니 억지 부리지 마."

준수에게 질세라 지수가 나섰어요.

"삐빅 삐이익."

선생님이 호루라기를 불며 아이들 앞으로 나섰어요.

"선생님도 못 봤는데. 누구 본 사람?"

"못 봤는데요."

"안 맞은 거 아니에요?"

"안 맞았어요!"

누구 하나 본 사람이 없었어요. 준수는 울상이 되었어요. 이번에도 준수가 유일하게 본 사람이었어요.

지수가 어깨를 으쓱거렸어요.

"해송아, 네가 말해 봐. 안 맞았지?"

모두의 눈길이 해송이에게 머물렀어요.

해송이는 입술을 살짝 깨물었어요. 해송이의 한마디에 따라 경기의 흐름이 바뀔 수도 있었어요.

"사실은…… 새끼손가락 손톱에 맞았어."

"봐 봐. 내가 봤다고 했잖아."

울상이 되었던 준수의 얼굴이 밝아졌어요. 지수는 놀란 토끼 눈이 되었지만 금방 공을 주워 던질 준비를 했어요.

경기는 준수네 팀의 승리로 끝났어요. 비록 경기에서는 졌지만 해송이는 홀가분한 마음이 들었어요. 스스로에게 떳떳한 사람이 되었다는 사실에 기분이 날아갈 것 같았어요.

"해송아, 솔직하게 말해 줘서 고마워."

"고맙긴 뭐가 고마워. 맞았으니까 맞았다고 한 거지."

준수의 말에 쑥스러운 해송이는 괜히 툴툴거렸어요.

인문철학 왕 되기

만일 나라면?

난 가끔 내 동생이 부끄러워. 내 동생은 아무것도 몰라서 식당에 가면 숟가락을 내던지고 밥 먹을 때 후루룩, 짭짭 소리를 내거든.

알면서도 그렇게 행동하니까 부끄럽다는 거지?

그런데 네 동생은 어려서 아무것도 모르니까 당당한 거 아닐까?

우리 언니는 4학년인데 새치기도 하고 기본 질서를 하나도 안 지켜.

 나이가 어린 친구가 예의 없게 구는 거랑 나이 많은 친구가 예의 없게 구는 것 중, 어떤 게 더 부끄러울까?

나이 어린 친구

나이 많은 친구

여러분이 고른 답의 이유에 대해서도 써 보렴.

이유 :

나는 언제 부끄러움을 느꼈을까?

여러분은 언제, 어떤 상황에서 부끄러운 감정을 느꼈나요? 또는 어떤 상황에서 부끄러움을 느낄 것 같나요? 한번 정리해 보세요.

언제 → 어디서 → 왜 → 어떻게

부끄러움을 느꼈던 자신을 돌아보는 편지를 써 보세요.

....

....

....

....

....

....

....

....

부끄러움은 같은 잘못을 또 하지 않겠다는 다짐을 위한 감정이기도 해요.

✓ **뭉치북스가 만든 국내 최초 토론책!** ✓ **초등 국어**
✓ **한국디베이트협회와 교**

01 함께 사는 로봇	12 과학 Cook! 문화 Cook! 음식의 세계	23 생태계의 파괴자? 외래 동식물	33 얼마나 착아질까? 어디까지 발달할까? 나노 기술과 첨단 세계
02 원시인도 모르는 공룡	13 과학을 훔친 수상한 영화관	24 콸콸콸~ STOP!!! 우리나라도 위험해요. 소중한 물	34 찾아라! 생명체가 살 수 있는 또 다른 별, 제2의 지구
03 더 멀리 더 높이 더 빨리 스포츠 과학	14 끝없이 진화하는 무서운 전염병	25 오늘도 나쁨! 작아서 더 무서운 미세먼지	35 배울수록 더 강해지는 인공 지능
04 까만 우주 속 작은 별	15 지구 온난화와 탄소배출권	26 식량 위기에서 인류를 구할 미래 식량	36 창조론이냐? 진화론이냐? 다윈이 들려주는 진짜진짜 진화론
05 노벨도 깜짝 놀란 노벨상	16 먹을까? 말까? 먹거리 X파일	27 썩지 않는 플라스틱! 지구와 인간을 병들게 하는 환경 호르몬	37 모두모두 소중한 생명! 멈춰요 동물 실험
06 지켜라! 멸종 위기의 동식물	17 우리 몸을 흐르는 피와 혈액형	28 나와 똑같은 또 다른 나, 인간 복제	38 유해할까? 유용할까? 생활 속 화학 물질
07 도로시의 과학 수사대	18 진짜? 가짜? 가상현실과 증강현실	29 미래의 디지털 첨단 의료	39 46억 년의 비밀, 생명을 살리는 지구
08 살아 있는 백두산	19 두근두근 신비한 우리 몸속 탐험	30 땅속 보물을 찾아라! 지하자원과 회토류	40 과학자가 가져야 할 덕목, 과학자 윤리와 책임
09 꿈틀꿈틀! 오늘의 황사 뉴스	20 우리를 위협하는 자연재해	31 농사일부터 우주 탐사까지, 미래는 드론 시대	
10 잇! 이런 발명가, 와! 저런 발명품	21 봄? 가을? 경계가 모호해지는 사계절	32 알쏭달쏭 미지의 세계, 뇌	
11 아낄수록 밝아지는 에너지	22 세균과 바이러스 꼼짝 마! 약과 백신		

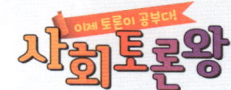

이 공부다!
인재를 위한 교과서

과학토론왕
과학토론왕 40권 + 독후활동지 40권
전 80종 / 정가 580,000원

사회토론왕
사회토론왕 40권 + 독후활동지 40권
전 80종 / 정가 580,000원

- 한우리 추천도서
- 경향신문 추천도서
- 경기도 초등토론 교육연구회 추천
- 경기도 지부 독서 골든벨 선정도서
- 환경정의 어린이 환경책 권장도서
- 한국 아동문학인협회 우수도서
- 학교도서관 사서협의회 추천도서

서 선정 도서! ✓ 활용 만점 독후 활동지 각 권 제공!
문가들이 강력 추천한 책!

01 우리 땅 독도	13 바람 잘 날 없는 지구촌 국제 분쟁	24 우리는 이웃사촌! 함께 사는 사회	33 뚜아뚜아별의 법을 부활시켜라!
02 생활 속 24절기	14 믿음과 분쟁의 역사 세계의 종교	25 들린 게 아니라 다른 거라고? 글로벌 에티켓	생활 속 법 이야기
03 세계를 담은 한글	15 인공 지능으로 알아보는 미래 유망 직업	26 신통방통 지혜가 담긴	34 하늘 · 땅 · 바다 어디서나 조심조심!
04 정정당당 선거	16 지역 이기주의 님비 현상	우리의 세시 풍속과 전통 놀이	어린이를 위한 교통안전
05 우리의 유네스코 세계 유산	17 더불어 사는 다문화 사회	27 출발, 시간 여행! 유네스코 세계 문화유산	35 함께 만들어요! 함께 누려요! 모두의 사회 복지
06 좋아? 나빠? 인터넷과 스마트폰	18 함께 사는 세상 소중한 인권	28 아이는 줄고! 노인은 늘고! 달라지는 인구	36 위아더월드, 도움의 손길이 필요해요.
07 함께라서 좋아! 우리는 가족	19 세계를 사로잡은 문화 콘텐츠 한류	29 우리는 하나! 세계로! 미래로! 통일 한국	세계 빈곤 아동
08 한민족, 두 나라 여기는 한반도	20 변치 않는 친구 반려동물	30 레벨업? 셧다운? 슬기로운 게임 생활,	37 환경 덕후 오충사가 간다, 지켜라! 지구 환경
09 너도 나도 똑같이 생명 존중	21 왕따는 안 돼! 우리는 소중한 친구	벗어나요 게임 중독	38 전쟁 NO! 평화 YES! 세계를 이끄는 힘, 국제기구
10 돈 나와라 뚝딱! 경제 이야기	22 여자? 남자? 같은 것과 다른 것! 성과 양성평등	31 살아 있어 행복해! 곁에 있어 고마워!	39 더 멀리, 더 빠르게! 미래 교통과 통신
11 시끌시끌 지구촌 민족 이야기	23 모두가 행복한 착한 초콜릿,	소중한 생명	40 알아서 척척, 똑똑한 미래 도시,
12 앗 조심해! 나를 지키는 안전 교과서	아름다운 공정 무역	32 나도 크리에이터! 시끌벅적 1인 미디어 세상	꿈의 스마트 시티

경기도 사서협의회 추천도서 · 한국교육문화원 추천도서 · 아침독서 추천도서

100만 부 판매 돌파!

수학이 쉬워지고, 명작보다 재미있는
뭉치 수학왕

"인공지능(AI) 시대의 힘은 수학에서 나온다!"

개념 수학

〈수와 연산〉
1. 양치기 소년은 연산을 못한대
2. 견우와 직녀가 분수 때문에 싸웠대
3. 가우스, 동화 나라의 사라진 0을 찾아라
4. 가우스는 소수 대결로 마녀들을 물리쳤어
5. 앨런, 분수와 소수로 악당 히들러를 쫓아내라
6. 약수와 배수로 유령 선장을 이긴 15소년

〈도형〉
7. 헨젤과 그레텔은 도형이 너무 어려워
8. 오일러가 오즈의 도형 춤 대회 1등을 했어
9. 오일러, 오즈의 입체도형 마법사를 찾아라
10. 유클리드, 플라톤의 진리를 찾아 도형 왕국을 구하라
11. 입체도형으로 수학왕이 된 앨리스

〈측정〉
12. 쳇! 신데렐라는 시계를 못 봐

13. 알쏭달쏭 알라딘은 단위가 헷갈려
14. 아르키는 어림하기로 걸리버 아저씨를 구했어
15. 원주율로 떠나는 오디세우스의 수학 모험

〈규칙성〉
16. 떡장수 할머니와 호랑이는 구구단을 몰라
17. 페르마, 수리수리 규칙을 찾아라
18. 피보나치, 수를 배열해 비밀의 방을 탈출하라
19. 비례배분으로 보물섬을 발견한 해적 실버

〈자료와 가능성〉
20. 아기 염소는 경우의 수로 늑대를 이겼어
21. 파스칼은 통계 정리로 나쁜 왕을 혼내 줬어
22. 로미오와 줄리엣이 첫눈에 반할 확률은?

〈문장제〉
23. 개념 수학-백점 맞는 수학 문장제①
24. 개념 수학-백점 맞는 수학 문장제②
25. 개념 수학-백점 맞는 수학 문장제③

융합 수학
26. 쌍둥이 건물 속 대칭축을 찾아라(건축)
27. 열차와 배에서 배수와 약수를 찾아라(교통)
28. 스포츠 속 황금 각도를 찾아라(스포츠)
29. 옷과 음식에도 단위의 비밀이 있다고?(음식과 패션)
30. 꽃잎의 개수에 담긴 수열의 비밀(자연)

창의 사고 수학
31. 퍼즐탐정 셜렁홈즈①-외계인 스콜피오스의 음모
32. 퍼즐탐정 셜렁홈즈②-315일간의 우주여행
33. 퍼즐탐정 셜렁홈즈③-두죽박죽 백설 공주 구출 작전
34. 퍼즐탐정 셜렁홈즈④-'지지리 마란드러' 방학 숙제 대작전
35. 퍼즐탐정 셜렁홈즈⑤-수학자 '더하길 모테'와 한판 승부

36. 퍼즐탐정 셜렁홈즈⑥-설국언차 기관사 '어러도 달리능기라'
37. 퍼즐탐정 셜렁홈즈⑦-해설 및 정답

수학 개념 사전
38. 수학 개념 사전①-수와 연산
39. 수학 개념 사전②-도형
40. 수학 개념 사전③-측정·규칙성·자료와 가능성

독후 활동지

본책 40권+독후 활동지 7권
정가 580,000원